José Santos

Futebolíada

Ilustrações: Eloar Guazzelli

Presidente: Reinaldo Domingos

Direção editorial: Simone Paulino

Direção de arte: Christine Baptista

Produção editorial: Renata de Sá

Preparação e revisão: Daniel Febba

Av. Paulista, 726 | Cj. 1210 | Bela Vista

CEP 01310-910 | São Paulo - SP | Brasil

Tel.: +55 11 3177-7800

www.editoradsop.com.br

Dados internacionais de Catalogação na Publicação (CIP)
(Câmara Brasileira do Livro, SP, Brasil)

Santos, José
Futebolíada / José Santos; ilustrações Eloar Guazzelli.
-- São Paulo: Editora DSOP, 2014

ISBN 978-85-8276-033-8

1. Literatura infantojuvenil I. Guazzelli, Eloar . II. Título.

14-00860 CDD-028.5

Índices para catálogo sistemático:
1. Literatura infantil 028.5
2. Literatura infantojuvenil 028.5

Ao amigo
José Henrique (Mutum) da Cruz,
agora jogando bola nos Campos Elísios.

Aos 120 alunos e alunas das sextas séries
da Escola da Vila – SP que, em 2007,
ajudaram-me a reescrever este livro.

José Santos

Os desenhos deste livro são para meus
filhos, Flora e Vicente, crianças tão
generosas que não se importam em
dividi-los com todos os filhos do mundo.

Eloar Guazzelli

TROIA
TEBAS
CORINTO
ATENAS

Em seu famoso livro *Por que ler os clássicos*, o escritor Ítalo Calvino nos dá várias definições do que é um livro clássico. Entre elas, uma chama mais atenção do que as outras: "Clássico é um livro que nunca termina de dizer o que tinha para dizer".

Quando pensamos na *Ilíada*, primeira grande obra da literatura ocidental, estamos, portanto, falando do clássico dos clássicos. Pois esse poema épico atravessou os séculos sendo recontado de todas as maneiras possíveis e imagináveis.

Dizem que seus versos eram oralmente espalhados, antes que Homero os reunisse em forma escrita, dando origem à versão que conhecemos hoje. Mas essa é uma outra história...

Aqui no *Futebolíada*, o grande poema inspirou José Santos a recontá-lo de um jeito deliciosamente original. Gregos e troianos, heróicos personagens da *Ilíada*, ganham os traços de jogadores de futebol e formam dois times em acirrada disputa.

Com leveza, graça e humor, o autor escala Odisseu, Aquiles, Pátroclo, Heitor, Ares, Páris... e traz, também, deuses como Apolo e Hera para participar da brincadeira.

Ilustrados por Eloar Guazzelli, gregos e troianos usam força e astúcia para disputar a partida. Como termina o jogo? Quem vence a guerra em campo? Isso você descobre acompanhando cada uma das jogadas.

No final, o livro traz ainda um álbum de figurinhas para sabermos quem é quem no jogo, e quais são as principais habilidades de cada jogador.

Traduzir para o italiano esse poema cheio de rimas foi a heróica tarefa do escritor e tradutor Roberto Parmeggiani. Com rigor e, ao mesmo tempo, criatividade, ele conseguiu transpor para a língua de Dante e Rodari o ritmo e a música do texto em português. Claro que, para isso, teve de cometer divertidas "traições". Afinal, a boa tradução é exatamente aquela que não fica presa ao pé da letra, não é? O resultado é também um belíssimo jogo: um jogo de palavras, saboroso e surpreendente como todo bom clássico deve ser.

Boa leitura!
Simone Paulino

Tão cansado estava Zeus
do empate nesta guerra,
que trocou lança e espada
por bola, meião e terra.

Fincou lá na beira-mar
quatro traves de madeira.
Pôs onze pra cada lado,
e começou a brincadeira.

Olha só o time **grego**,
está cheiinho de **craques**:
Pátroclo, Nestor e Calcas.
Além de **Aquiles** no **ataque**.

Troia encara os visitantes
com muita **raça** e **firmeza**.
Pois tem **Ares**, pois tem **Páris**,
e o **forte Heitor** na **defesa**.

Logo, logo, o tal gramado
ganha uma melhorada,
e vira um belo estádio
com tribuna e arquibancada.

Muitos **deuses** participam
de maneira **apaixonada**.
Mas **Hera** e **Apolo** em campo,
não parece **marmelada**?

Só que o jogo é enjoado,
igualzinho a uma pelada.
Bicudas de lado a lado,
ninguém acertava nada.

Aquiles leva um carrinho,
no calcanhar foi a pancada.
Bateu tão torta essa falta,
foi além da arquibancada.

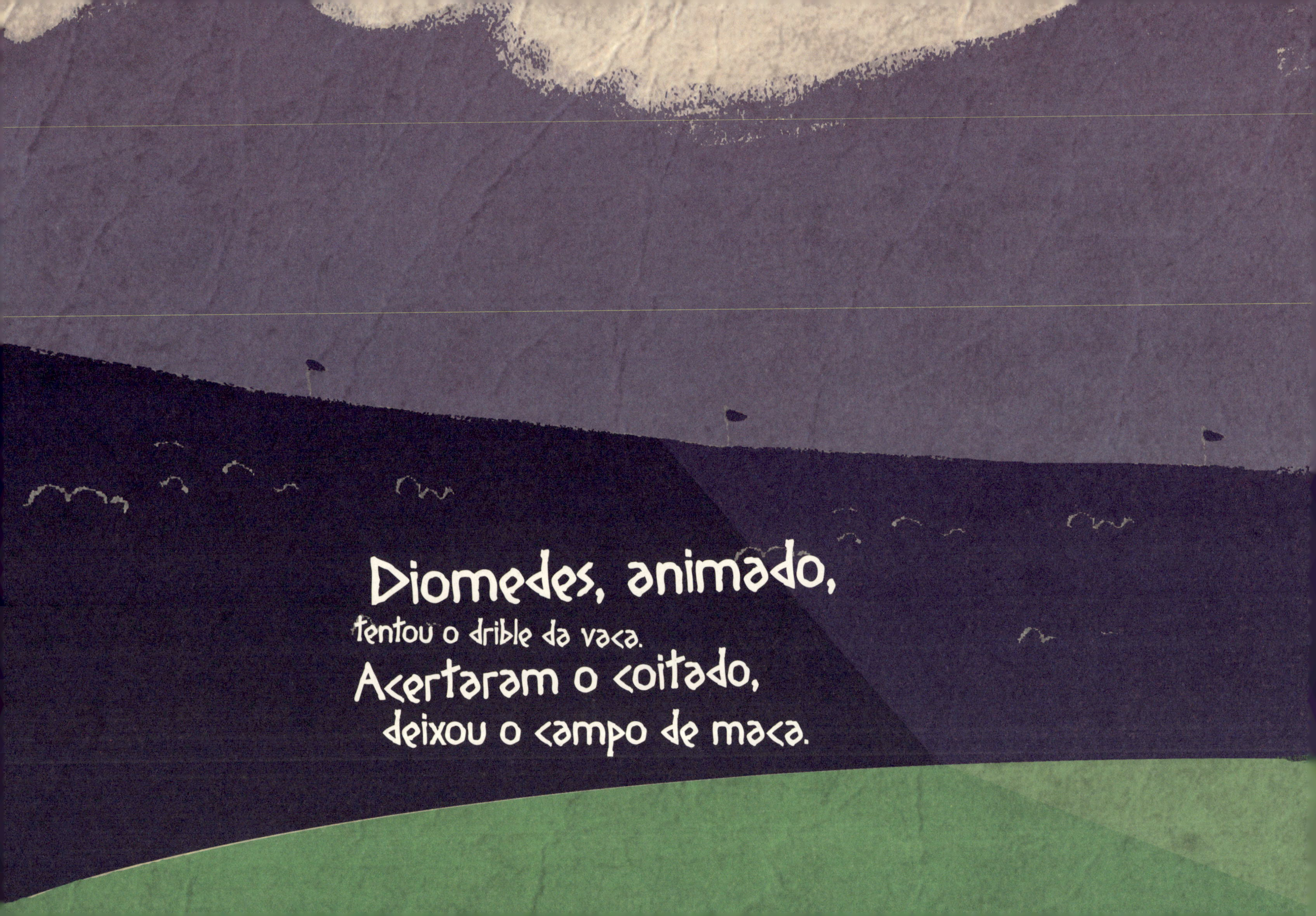

Diomedes, animado,
tentou o drible da vaca.
Acertaram o coitado,
deixou o campo de maca.

O culpado foi Sarpédon,
que era um beque bem grosso.
Ele sempre errava a bola
e acertava algum pescoço.

Dólon tenta a pedalada
e a jogada não completa.
Naquele tempo não tinham
inventado a bicicleta.

Marcar o tal **gol olímpico,**
Eneias bem que tentou.
Só que o goleiro **Agamenon,**
pra **fora,** a bola mandou.

E o **pau** quebra no jogo!
É toco, é rabo de arraia.
Odisseu, mancando, sai,
e a torcida inteira **vaia**.

TROIA
TROIA
8

Até que num cruzamento,
surge o gol de Menelau.
Mas o juiz anula o lance:
gol de mão é ilegal!

GOL

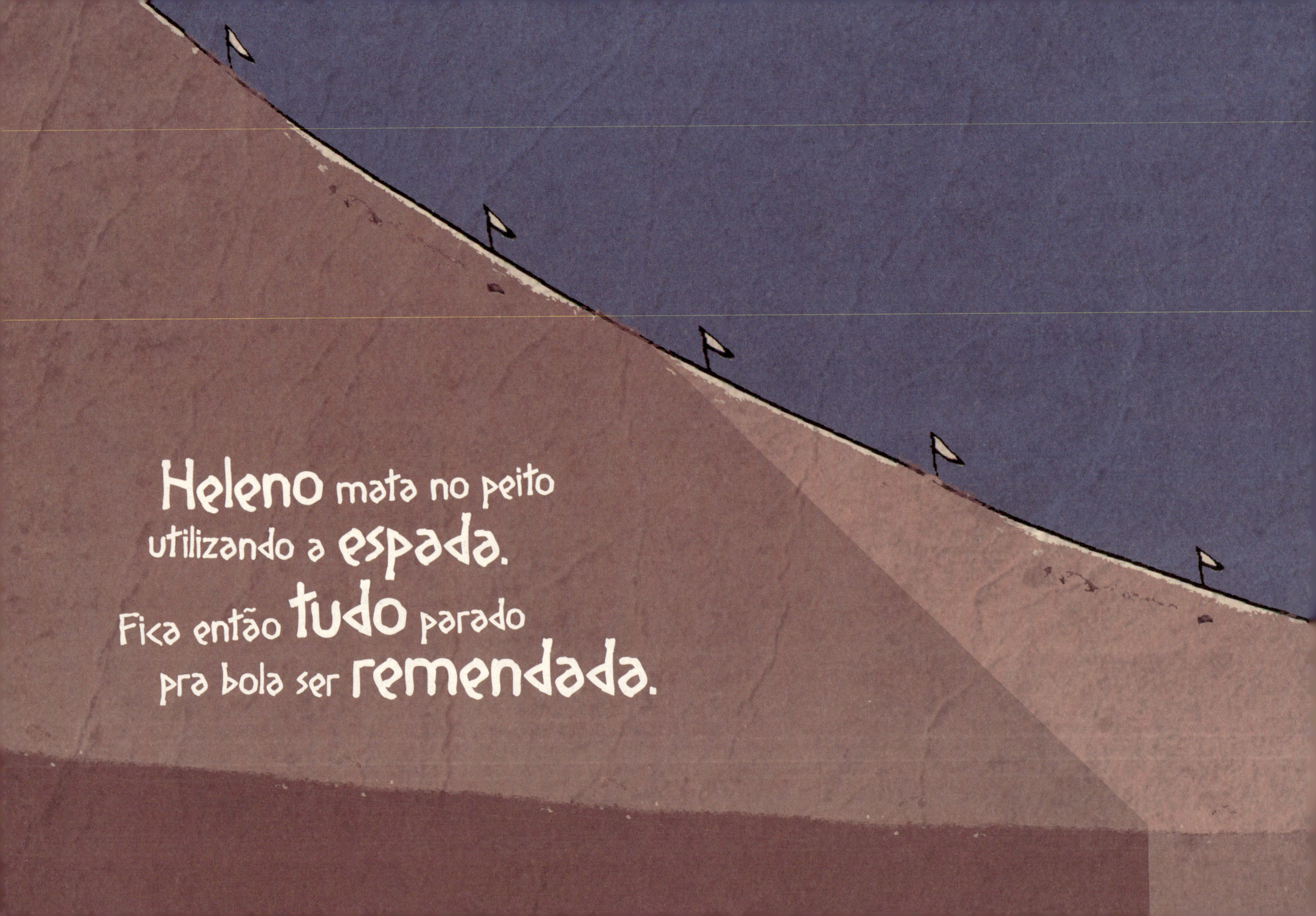

Heleno mata no peito
utilizando a espada.
Fica então tudo parado
pra bola ser remendada.

Se os nativos distraídos
deixam Troia tão sozinha,
Odisseu vai à cidade
vestido de bandeirinha.

Mas assim é muito fácil:
já que o jogo rouba a cena.
Ele invade o palácio
e liberta a bela Helena.

A torcida sofreu muito
até a prorrogação,
num tique-taque de ataques:
ataques do coração!

Volta a torcida troiana
pro condomínio murado.
Ali Príamo sentiu
que tinha sido enganado.

Quando os **donos** da **casa**
notam a **maracutaia**,
os **gregos**, em seus navios,
já deixam a **branca praia**.

GRÉCIA
GRÉCIA

Quem venceu essa **partida?**
Não **sou eu quem** vou contar.
Como termina a **Ilíada?**
Quem irá **adivinhar?**

Aqui termino a **história**
de um **jogo bem jogado.**
Peço já minhas desculpas,
caso esteja **mal contado.**

Se algum leitor duvida
que existiu essa disputa,
é melhor fazer pesquisa,
ler um pouco, ir à luta!

TROIA
TEBAS
CORINTO
ATENAS

Correr logo para a estante
e achar o livro de Homero.
Lá mostra o placar do jogo.
Será que foi zero a zero?

GREGOS X TROIANOS

O JOGO DOS SÉCULOS

Zeus

O rei dos deuses decidiu não jogar em nenhum dos times. Já que a família estava dividida, não quis criar mais confusão. Isso foi mesmo uma pena, pois Zeus, apesar da idade, ainda está batendo um bolão. Nas peladas de fim de semana no Monte Olimpo, ele abusa dos passes de calcanhar, chuta de trivela e faz incríveis gols de falta. Enfim, jogadas divinas que nenhum pobre mortal terá a chance de assistir.

GREGOS

PÁTROCLO

Esse ponta de lança dos gregos era o terror dos locutores, que sempre enrolavam a língua ao pronunciar um nome com tantas consoantes. Artilheiro da equipe, tinha um grande entrosamento com o craque Aquiles, e a dupla sempre conseguia furar as defesa adversárias. Com toques de primeira e um arsenal de jogadas ensaiadas, eles sempre levavam perigo à cidadela troiana.

DIOMEDES

Rei de Argos, filho de Tideu. Diomedes "Canela-de-vidro" é o seu apelido, pois se machuca com facilidade e evita sempre as bolas divididas. Quando não estava no departamento médico, ele até levantava a torcida ao criar boas jogadas. Gostava de entrar driblando na área e fuzilar os goleiros com incríveis balaços de perna esquerda.

CALCAS

Filho de Testor e neto do deus Apolo, recebeu do avô o dom da adivinhação, o que lhe permitia jogar uma partida com os olhos fechados. Um verdadeiro guerreiro em campo, é titular absoluto do time. Foi escolhido como batedor oficial de faltas e pênaltis pois Calcas sempre sabe para que lado o goleiro vai pular.

AGAMENON

Rei de Micenas, irmão de Menelau. Esse velho goleiro fez sua fama compensando a pouca altura com um perfeito senso de colocação debaixo das traves. Minutos antes do início do clássico, afirmou para a imprensa escrita e falada: "Pela honra dos gregos, e com a ajuda dos deuses, prometo fechar o gol".

MENELAU

Irmão de Agamenon e ex-marido de Helena, era o poderoso rei de Esparta. Pau pra toda obra, Menelau jogava nas laterais, de beque de espera, armava mortíferos contra golpes e ainda ia pra área troiana tentar cabeçadas, sempre com seu elmo de bronze. Querendo a vitória a qualquer custo, arriscava fazer gols até com a mão, o que lhe valeu o apelido de "O Maradona do Mar Egeu".

ÁJAX

Filho de Telamon, rei de Salamina, primo de Aquiles. Tinha a habilidade de chutar com os dois pés – mas um de cada vez, senão cairia o tempo todo, não é? Atuava tanto na ponta-direita, como na esquerda, cruzando bolas para as cabeçadas – ou seriam cortadas? – de Menelau. Na próxima temporada, já anunciou que atuará no futebol holandês, num novo time que levará o seu nome, o AFC Ajax.

ODISSEU

Rei de Ítaca, filho de Laerte. Também conhecido por Ulisses. Jogador muito famoso, talvez seja a mais conhecida celebridade grega do mundo da bola. Ele tem um futebol inteligente, malandro, sabe a hora certa de fazer um lançamento para a área ou de esconder o jogo. Ardiloso, sempre querendo enganar o adversário, suas jogadas cheias de malícia encantam torcedores de todo o Mediterrâneo.

HERA

Ao contrário de seu marido Zeus, ela escolheu desde cedo um lado nessa partida. Enfrentou seu filho Ares, o deus da guerra, que jogava pelo adversário. Temperamental, ciumenta, nervosinha, os troianos desde o apito inicial puderam sentir que ela era mesmo uma fera: cotovelada, dedo no olho, puxão de cabelo e até chute nos países baixos... Futebol para ela era um tremendo vale-tudo.

AQUILES

Era filho de Peleu, rei da Fitia, e da ninfa Tetis. Principal destaque do esquadrão azul e branco, a camisa 10 estava sempre reservada para ele. Capitão do time, era um jogador perigoso, duríssimo no combate corpo a corpo. Mas como todo mundo, ele também tinha o seu calcanhar de Aquiles, ponto fraco em que os troianos tentavam acertar as mais terríveis botinadas.

NESTOR

Esse veterano bateu todos os recordes de partidas disputadas, somando suas aparições no Argonautas F.C. e na seleção Grega. Com a experiência de ter jogado no começo de carreira ao lado do mítico Teseu, nunca deixava de dizer: "Meninos, eu vi! Teseu simplesmente comia a bola". Outra frase que o Nestor adorava repetir era: "Comecei a jogar quando tinha dentes de leite e só sairei de campo se perder a minha dentadura no gramado".

TROIANOS

PRÍAMO

Rei de Troia, pai de Heitor e de Páris. Apesar de já estar na terceira idade, Príamo participa de todos os jogos, é um grande fominha. Já não tem o futebol vistoso dos primeiros tempos, mas ainda faz boa figura no meio--campo. Em recente entrevista, contou o segredo para aguentar jogar até a metade do segundo tempo: "Quem corre é a bola, não o jogador".

HEITOR

Filho mais velho de Príamo, irmão de Páris. Dono de força hercúlea, era um jogador valente e polivalente: tanto jogava no ataque, fustigando a defesa adversária; como também ajudava os zagueiros, atuando como médio-volante. E com Heitor guardando a grande área, a coisa se complica, pois se a bola passa, o grego fica.

PÁRIS

Filho de Príamo, irmão de Heitor, atual marido de Helena. Atacante ciscador e dono de um chute certeiro, teve a sua carreira encerrada mais cedo, devido ao seu jeitão de boêmio e namorador. Páris também era supersticioso ao extremo: só aceitava jogar com camisas de números pares, principalmente a 8, a 10 e a 22.

ENEIAS

Era sobrinho de Príamo, filho de Anquises e da deusa Afrodite. Jogador de passes refinados e muita visão de jogo, fazia tabelinhas mortíferas com o primo Heitor. Depois da guerra, resolveu mudar de ares e negociou seu passe com um time italiano recém promovido para a primeira divisão: o Eneida Futebol Clube.

APOLO

Filho de Zeus e da deusa Leto. Ele é um dos muitos olimpianos que resolveram entrar em campo. Rápido como uma flecha, ele criava contra-ataques fatais, e seus tiros certeiros sempre furavam a rede dos gregos. Muito ligado à natureza, protetor dos pastores, Apolo fazia com que eles trouxessem suas ovelhas para aparar o gramado do time da casa.

DÓLON

Guerreiro e espião troiano. Dono de um futebol discreto, acabava não sendo muito visto em campo. Claro! Dólon estava sempre rondando o banco de reservas adversário para descobrir algum segredo tático. Tentou introduzir o drible da pedalada, mas sem sucesso. Afinal, a bicicleta só foi inventada muitos séculos depois.

SARPÉDON

Vem do reino da Lícia, filho de Zeus com a mortal Laodâmia. Forte como um touro, ou melhor, como um minotauro, Sarpédon foi um zagueiro de limitados recursos técnicos e com pouca visão de jogo. Pouquíssima visão, afinal, era míope como um ciclope. Talvez por isso, sempre confundia a bola com a cabeça dos atacantes adversários.

ARES

Também filho de Zeus, dessa vez com a deusa Hera, esse temível jogador também é conhecido como Marte, e sempre está metido em encrenca. Catimbeiro, irritante, criador de caso e grande colecionador de cartões, Ares gostava de dar carrinhos por trás e entrava pra quebrar nas divididas. Achava que todas as armas são importantes para conquistar a vitória, inclusive a clava, o punhal e o machado.

HELENO

Filho de Príamo. Até outro dia jogava no dente de leite do time troiano. Muito jovem, mas já com pinta de craque, Heleno foi uma das grandes esperanças da torcida, pois sempre que entrava no segundo tempo, punha fogo no jogo e fazia gols salvadores. Um de seus descendentes, Heleno de Freitas, séculos mais tarde, fez história nos gramados brasileiros, sendo a estrela solitária do time do Botafogo.

HELENA

Belíssima filha do todo-poderoso, Zeus, e de Leda. Foi roubada do marido, Menelau, e está casada com Páris. Na adolescência, disputou uma olimpíada fazendo parte da equipe grega de futebol de praia. Mas não participou do clássico, nem no campo, nem na arquibancada. Ficou em casa, pois Helena temia ser xingada de vira-casaca pela fanática torcida azul e branco.

Jonas Woreman

José Santos

Começou a escrever seus primeiros poemas por volta dos 15 anos, mas só se tornou escritor um bom tempo depois. Foi balconista de livraria, trabalhou em um canal de TV e em um museu virtual! Só que nunca deixou de alimentar a paixão pelo livro e pela leitura. Já tinha 45 anos quando publicou sua primeira obra, para o público infantil, e daí não quis parar mais. Seus livros tratam de muitos assuntos, como astronomia, folclore, cultura portuguesa, animais em extinção e até assombrações.

Sempre gostou de brincar com a bola, embora tenha sido um dos piores jogadores da história do futebol brasileiro – na categoria dente de leite. Foi craque, porém, no jogo de botão, no pebolim e no futebol de preguinho. Desse universo foi surgindo a inspiração para criar várias histórias, como a que você leu aqui. Se você gostou dessa história e quiser conhecer outros trabalhos dele, procure nas livrarias *Rimas da floresta*; *Show de bola* (escrito com seu filho Jonas); e *Turma da Mônica: Uma viagem a Portugal*.

Eloar Guazzelli

Nasceu em Vacaria (RS), em 1962. Desde 1990, tem contribuído para várias publicações de literatura e desenhos animados para crianças. Ganhou prêmios no Concurso Internacional de Cartoon de Yomiuri, em 1991, e no Salão Internacional de Piracicaba, em 1991, 1992 e 1994. Foi indicado para o primeiro prêmio na categoria de quadrinhos na II Bienal de HQ, no Rio de Janeiro. Em 1994, foi premiado com o troféu HQ Mix na categoria iniciante.

Guazzelli já ilustrou mais de 50 livros e, com José Santos, *Maluquices musicais e outros poemas*, em 2009, e *Poemas para vestir*, em 2011. Também ganhou o III Concurso Internacional de ilustração da Folha de S. Paulo, em 2006. Guazzelli mora em São Paulo, onde trabalha como diretor de arte para filmes de animação, é ilustrador e cartunista.

Arquivo pessoal

Este livro foi composto em fonte Diogenes e impresso em papel Pólen Bold 90g., em São Paulo, Brasil, em fevereiro de 2014, pela Intergraf Indústria Gráfica Eireli.